2 Décembre 1896

V

SUCCESSION

DE

Madame la Comtesse de C...

MOBILIER ARTISTIQUE

Ancien et Moderne

DIAMANTS, BIJOUX, ORFÈVRERIE

TRÈS BELLES BOUCLES D'OREILLES EN PERLES

Beaux Sièges et Meubles de style

BRONZES, CURIOSITÉS, TABLEAUX

TAPISSERIES DU XVIIIe SIÈCLE

Rideaux en tapisserie de Bruxelles, du XVIIe siècle

RICHES TENTURES BRODÉES

Importante Garde-Robe de dame

EXPOSITION PUBLIQUE

Le Mardi 1er Décembre 1896, de 1 heure 1/2 à 5 heures 1/2

HÔTEL DROUOT, SALLE N° 1

COMMISSAIRE-PRISEUR

Me Jules BONNIN

Rue Taitbout, 62

EXPERTS

M. B. LASQUIN | M. Albert LINZELER

Rue Laffitte, 12 | Rue de la Victoire, 56

PARIS — 1896

IMPRIMERIE MAULDE ET RENOU

MAULDE, DOUMENC & Cie

IMPRIMEURS DE LA COMPAGNIE DES COMMISSAIRES-PRISEURS

Rue de Rivoli, 144. — Paris

CATALOGUE

DU

MOBILIER ARTISTIQUE

Ancien et Moderne

DIAMANTS, BIJOUX

TRÈS BELLES BOUCLES D'OREILLES EN PERLES

Orfèvrerie ancienne et moderne

BEAUX SIÈGES EN BOIS DORÉ, STYLES LOUIS XV ET LOUIS XVI

SIX FAUTEUILS EN ANCIENNE TAPISSERIE D'AUBUSSON

Belle Harpe Louis XVI, Chaise à porteurs Louis XV
Chambres à coucher style Louis XVI, Salle à manger Henri II
Meubles de fantaisie, Riches Paravents, Glaces Louis XVI
Parements de cheminées, Armoires normandes

BRONZES D'ART ET D'AMEUBLEMENT

Curiosités, Porcelaines de Saxe, Objets d'étagère

JOLIES TAPISSERIES DU XVIIIe SIÈCLE

A sujets pastoraux d'après HUET

Rideaux en tapisserie de Bruxelles du XVIIe siècle, Riches Tentures brodées, Tapis

TABLEAUX, LIVRES

BELLE ET IMPORTANTE GARDE-ROBE, FOURRURES

Le tout dépendant de la

Succession de Mme la Comtesse de C...

ET DONT LA VENTE AURA LIEU, PAR SUITE DE DÉCÈS

A la requête de Me LAVAREILLE, Administrateur judiciaire

HOTEL DROUOT, SALLE N° 1

Les Mercredi 2, Jeudi 3, Vendredi 4 et Samedi 5 Décembre 1896

A DEUX HEURES

Me Jules BONNIN, COMMISSAIRE-PRISEUR
Rue Taitbout, 62

ASSISTÉ DE

M. B. LASQUIN, Expert
Rue Laffitte, 12

M. Albert LINZELER, Joaillier
Rue de la Victoire, 56

CHEZ LESQUELS SE TROUVE LE PRÉSENT CATALOGUE

EXPOSITION PUBLIQUE

Le Mardi 1er Décembre 1896, de 1 heure 1/2 à 5 heures 1/2

CONDITIONS DE LA VENTE

Elle sera faite au comptant.

Les Acquéreurs paieront CINQ POUR CENT en sus du prix d'adjudication.

L'exposition mettant le public à même de se rendre compte de l'état des objets, il ne sera admis aucune réclamation l'adjudication prononcée.

MAULDE, DOUMENC et Cie, imprimeurs de la Cie des Commissaires-Priseurs, rue de Rivoli, 144. 1000—62540

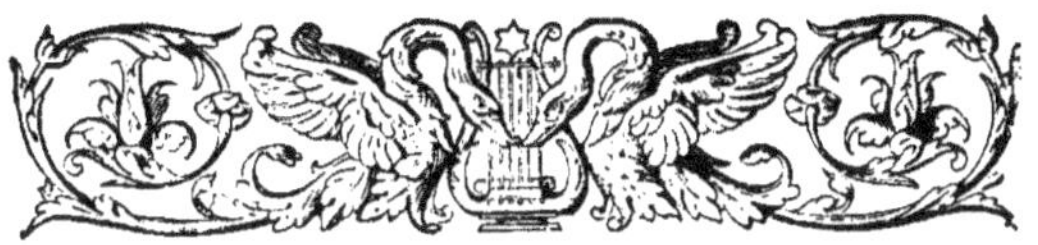

DÉSIGNATION

BIJOUX

1 — Deux Boucles d'oreilles composées de deux grosses perles surmontées d'un petit brillant.

2 — Parure composée d'une Broche, un saphir entouré de brillants et de deux boucles d'oreilles saphirs entourés de brillants.

3 — Deux Broches fleurs pavées en brillants et roses joaillerie or et argent.

4 — Boutons d'oreilles brillants solitaires, monture or et platine à système.

5 — Collier juste au cou, formé de dix rangs, petites perles et de cinq barrettes en roses.

6 — Collier de perles avec entre-deux feuilles en roses joaillerie, or et argent.

7 — Epingle perle poire blanche avec collet serti de quatre petits brillants.

8 — Trois Boutons de chemise perles blanches, monture or.

9 — Trois Boutons de chemise perles blanches, monture or.

10 — Une Bague torse, deux brillants, petits brillants sur le corps.

11 — Une Bague torse, un brillant, une émeraude, petits brillants sur le corps.

12 — Une Bague, un brillant solitaire, monture or.

13 — Une Bague, un brillant solitaire, monture or.

14 — Une Bague, un saphir, deux brillants monture or.

15 — Une Bague, un rubis, deux brillants monture or,

16 — Une Bague croisée, un rubis, un brillant monture or.

17 — Une Bague, cinq brillants monture or et platine.

18 — Une Bague, trois perles monture or.

19 — Une Bague turquoise, entourage brillants.

20 — Une Bague jonc, un œil de chat, deux brillants monture or.

21 — Une Bague et une Boucle d'oreille turquoises avec entourages de brillants.

22 — Un Bracelet gourmette avec applique fer à cheval, saphirs, brillants et roses formant broche, monture or.

23 — Garniture d'Ombrelle ornée de Saphirs étoilés et roses, monture or mat.

24 — Flacon or mat, orné d'un saphir étoilé entouré de roses.

25 — Pomme de canne or mat, couronne ornée de perles, roses, rubis et émeraudes, montre au centre.

26 — Broche ronde ornée de rubis, brillants et roses, monture or.

27 — Broche trèfle, or émaillée avec brillant et roses

28 — Bracelet turquoises et roses monture or mat.

29 — Bracelet ruban or mat, orné d'opale rubis et émeraudes.

30 — Bracelet or applique une opale, brillants et roses

31 — Bracelet coquille or mat, orné d'une perle et turquoises.

32 — Deux Bracelets jones or mat.

33 — Bracelet gourmette or mat.

34 — Montre d'homme or savonnette à ancre et remontoir.

35 — Montre d'homme or savonnette à ancre et répétition.

36 — Montre cadette or savonnette à ancre.

37 — Montre d'homme savonnette or à cylindre.

38 — Montre d'homme or à cylindre cadran d'or.

39 — Montre cadette or, cadran émail.

40 — Grand médaillon or mat, chiffre turquoises et roses.

41 — Médaillon or avec chiffre en relief.

42 — Deux Chaînes de gilet gourmettes or.

43 — Broche améthystes et topazes monture or.

44 — Épingle de cravate serpent or mat.

45 — Épingle de cravate poire or mat.

46 — Épingle de cravate or, sujet ciselé avec turquoise.

47 — Épingle de cravate or, souris avec perle.

48 — Épingle de cravate cube or émaillé.

49 — Deux paires Boutons d'oreilles, flèches et poignards avec perles et turquoises, montures or à système.

50 — Un Crayon or guilloché.

51 — Un Pince-nez monture or.

52 — Une paire Boutons manchettes, or mat chiffres en relief.

53 — Deux paires Boutons manchettes double or mat.

54 — Douze Boutons de chemise or divers modèles.

55 — Épingles de cravates divers modèles or et argent.

56 — Deux Boîtes à allumettes argent et métal doré.

57 — Un Éventail peinture monture nacre doré.

58 — Six Colliers perles fausses, de différents modèles montures argent.

59 — Bijoux et Objets divers, Anneaux or, Etui argent, Boucles strass, Médaillon, Pédomètre, Porte-Monnaie, Bijoux faux et Débris d'or.

ORFÈVRERIE

60 — Grand Bol à punch en argent anglais repoussé à guirlandes de lauriers et godrons.

61 — Pot à eau en argent allemand avec frise de feuillages.

62 — Petit Réchaud rond avec sa cloche en argent repoussé.

63 — Plateau Louis XIV de forme contournée en argent.

64 — Broc style Régence en argent ciselé et repoussé à ornements rocaille, fleurs et oiseaux.

65 — Une Pinte en argent repoussé style Louis XV, à paysage et kiosques.

66 — Corbeille ovale ajourée en argent gravé.

67 — Deux Gobelets à une anse, variés de formes, en argent gravé.

68 — Deux Jardinières ovales en argent anglais repoussé godrons en spirales et tresses.

69 — Corbeille à fruits forme ronde en argent anglais repoussé à godrons et à bordure ajourée.

70 — Deux petits Plateaux à contours en argent anglais, style Louis XIV.

71 — Deux Saucières ovales à deux anses en argent anglais de la fin du XVIIIe siècle.

72 — Sucrier forme vase à couvercle en argent gravé avec galerie ajourée.

73 — Une Bonbonnière en forme de violon en argent repoussé.

74 — Quatre Gobelets en argent anglais.

75 — Deux Flacons en forme de perdrix en argent repoussé.

76 — Petit Gobelet à couvercle en argent repoussé à godrons, le couvercle surmonté d'une figurine.

77 — Deux Flambeaux Louis XIV en argent à base carrée et tige balustre à moulures.

78 — Trois Poivrières forme vases en argent anglais.

79 — Sucrière à saupoudrer en argent repoussé à fleurs.

80 — Deux petites Coupes coquilles sur dauphins en argent repoussé.

81 — Une Théière, une Coupe ronde et un Sucrier en argent repoussé à godrons et pampres.

82 — Une Chocolatière carrée en argent repoussé à fleurs.

83 — Porte-bouquet en forme de corne en argent repoussé à entrelacs et figures.

84 — Grand Vidrecome en argent ancien.

85 — Bouilloire, une Théière, une Cafetière, et un Sucrier forme sphérique en argent gravé.

86 — Deux petits Flacons forme perroquets en cristal et vermeil.

87 — Petit Plateau Louis XIV à contours en argent anglais.

88 — Petite Coupe forme feuille, un Flacon à sel et un cœur en argent.

89 — Un petit Miroir à main forme ronde, dans une monture en argent repoussé.

90 — Boite ovale à contours, une Boite oblongue en argent repoussé, et une tabatière en argent guilloché.

91 — Une Tasse à déguster, et une petite Coupe quadrilobée en argent.

92 — Un Étui à sel, un petit Support à bijoux, un très petit Bougeoir et un Cadre ovale à miniature en argent.

93 — Deux Coupes rondes à une anse plate en argent anglais.

94 — Deux Bougeoirs en argent.

95 — Quatre Salières Empire en argent.

96 — Quatre Corbeilles oblongues en argent anglais.

97 — Une petite Coupe, une petite Jardinière ronde en argent repoussé.

98 — Deux Coquetiers en vermeil, six petites Salières forme baquets en argent.

99 — Deux petits Flambeaux, en argent anglais repoussé, à draperies.

100 — Une petite Choppe, en argent repoussé, à cartouche de feuillages.

101 — Une petite Saucière ovale, en argent, à une anse.

102 — Dix-huit Cuillers et dix-sept Fourchettes à filets et coquilles.

103 — Vingt-trois Cuillers, vingt-quatre Fourchettes à entremets, de même modèle.

104 — Vingt Cuillers à café, de même modèle.

105 — Deux Cuillers à sauce, de même modèle.

106 — Douze Cuillers à entremets et onze Cuillers à café, de modèle analogue.

107 — Douze Cuillers et douze Fourchettes à dessert, en vermeil, style Louis XVI, plus six Couteaux.

108 — Douze petites Cuillers en vermeil ciselé, toutes variées d'ornementation.

109 — Douze petites Salières rondes en argent martelé.

110 — Un Couvert à salade en vermeil ciselé.

111 — Six Cuillers, style Louis XIII, en vermeil et deux autres Cuillers en argent.

112 — Un Ramasse-Miettes en argent, un Porte-Rôties.

113 — Douze Cuillers à café, douze Cuillers à œufs, sept Pelles à sel, une Pince à sucre et Ciseaux à raisin en argent.

114 — Deux Cuillers à sucre en vermeil ciselé.

115 — Douze Fourchettes à fruits en argent.

116 — Une Pince à asperges.

117 — Deux Cuillers à sauce en argent, une Cuiller à sucre en vermeil.

118 — Deux Cuillers à compote, style Louis XII[r], une Pelle à glace en argent.

119 — Une Cuiller à salade, une Cuiller à compote.

120 — Dix Cuillers à entremets et seize Cuillers à café en argent.

121 — Dix Couteaux à fruits en argent.

122 — Cinq Brochettes diverses, trois Fourchettes à conserves, un Porte-Plume.

123 — Deux Couvercles de saucières et une Soucoupe en argent.

PLAQUÉ

124 — Quatre Carafes en cristal avec montures en métal argenté, style Louis XV.

125 — Deux Candélabres à quatre lumières en plaqué anglais.

26-130 — Plateaux de service, Soupière, Réchauds en plaqué, Couverts en Ruolz, etc.

TABLEAUX ET GRAVURES

ÉCOLE FRANÇAISE (XVIIIe siècle).

131 — Portrait de Dame à mi-corps.

De face, en robe à corsage jaune brodé, coiffée d'une petite toque à plumes.
Toile forme ovale.

ÉCOLE FRANÇAISE (XVIIIe siècle).

132 — Portrait de Dame.

Représentée de face, en robe rose à corsage décolleté orné de guipure.
Toile ovale.

ÉCOLE FRANÇAISE (XVIIIe siècle).

133 — Portrait de jeune Dame.

A mi-corps, de trois quarts à gauche, en robe rouge, coiffée d'une toque bleue à plume.

ÉCOLE ITALIENNE

134 — Hébé.

MORADA (A.)

135 — Jeune Paysanne allant au marché.

Jeune Fille dans la campagne.

Deux pendants.

136 — Gravures diverses encadrées.

CURIOSITÉS, PORCELAINES

137 — Petit Cabinet, genre Renaissance, en bois noir, à quatre colonnettes aux angles et orné de plaques en émail représentant des sujets mythologiques dans des encadrements de bronze doré. Travail viennois.

138 — Quatre Éventails anciens et modernes à monture de nacre et d'ivoire.

139 — Deux Miniatures têtes de femme, et petit Portrait d'homme en gravure.

140 — Groupe de deux figures en ancienne porcelaine de Saxe : *le Marchand de canards.*

141 — Groupe de deux figures en porcelaine de Frankenthal : *le Chiromancien.*

142 — Grand Groupe en porcelaine décorée, genre Saxe : *Gentilhomme Louis XV saluant deux dames.*

143 — Trois Figures en porcelaine de Saxe : *Joueur de cornemuse, vieille paysanne et un homme de loi.*

144 — Pot à lait, en ancienne porcelaine de Saxe, décoré de deux sujets de figures dans le goût de Watteau.

145 — Quatre Tasses à café avec leurs présentoirs à galerie en ancienne porcelaine de Saxe, décorées de fleurs, plus deux autres Tasses et leurs Soucoupes.

146 — Six Tasses à thé en vieux Saxe, à sujets champêtres.

147 — Quatre Plats en porcelaine de Saxe, décorés de fleurs.

148 — Deux Vases en porcelaine bleu turquoise, avec larges bandeaux, décorés de scènes enfantines dans le goût de Boucher.

149 — Une Coupe à couvercle et son Plateau en porcelaine moderne de Sèvres, décor à fleurs rehaussé de dorure.

150 — Deux Tasses couvertes avec Soucoupes en porcelaine, genre Sèvres, fond gros bleu et or, à médaillons d'oiseaux.

151 — Un Vase en poterie de Satzuma, sur son socle.

152 — Un Pot à lait en porcelaine allemande, décoré de figures d'amours et de trophées.

153-156 — Deux Seaux en porcelaine, genre Sèvres; une Cafetière, Groupes et figurines, Coffret rectangulaire, en porcelaine moderne de Saxe.

157 — Deux petits Vases balustres en porcelaine, fond rose, avec rehauts de dorure et sujets peints, à figures de pêcheurs.

158 — Statuette de jeune villageoise portant des fleurs.

159 — Figurines de dame tenant un éventail et de jeune paysanne, en porcelaine de Saxe moderne et imitation.

160 — Un Pot couvert, décoré d'un sujet d'après Teniers, une boite à savon et un Brûle-parfum, en porcelaine décorée.

161 — Un Groupe de trois Figurines d'enfants et deux Figurines en faïence allemande.

162 — Petite Pendule en porcelaine, genre Saxe, surmontée d'un groupe de deux figures.

163 — Deux Lampes formées de vases en porcelaine de Chine rose, avec montures de style chinois en bronze.

164 — Deux Lampes en forme de vases à côtes en spirales, en bronze argenté. Style Louis XV.

165 — Une Lampe montée sur un vase en poterie de Satzuma.

166 — Service à thé en porcelaine anglaise, avec son plateau, et un Support-guéridon en noyer.

167 — Deux grandes Jardinières en faïence brunie, à fleurs en couleurs.

BRONZES D'ART & D'AMEUBLEMENT

168 — Statuette de Mercure, bronze de Barbedienne, d'après Jean de Bologne.

169 — Statuette de Vénus accroupie, bronze de Barbedienne, d'après l'antique.

170 — Statuette de Femme drapée, d'après Aizelin, bronze de Barbedienne.

171 — Statuette d'Enfant Jésus, en bronze argenté.

172 — Deux statuettes de *Duellistes Henri III*, bronze argenté, de Guillemin.

173 — Paire d'appliques, style Louis XVI, à trois lumières, en bronze doré, tige à gaine ornée d'un mascaron et surmontée d'un vase à têtes de bélier.

174 — Pendule de style Louis XV, en marqueterie de cuivre et d'écaille, garnie de bronze et surmontée d'une figure de Renommée.

175 — Baromètre-thermomètre, style Louis XV, décoré au vernis Martin, dans un encadrement de bronze.

176 — Pendule et deux Candélabres à cinq lumières, à figures allégoriques et enfants, en bronze doré.

177 — Pendule ancienne à musique, en forme d'édicule, en bois noir, garnie de bronzes dorés, le cadran orné d'une peinture représentant *les Parques*.

178 — Petit Lustre à quinze lumières, en bronze doré, garni de pendeloques et de grenailles en cristal.

179 — Lustre à vingt-quatre lumières, analogue au précédent.

180 — Lanterne d'antichambre à gaz, genre Louis XVI, forme ronde, en bronze.

181 — Suspension de table à manger, avec lampe et seize bougies, en cuivre poli. Style Renaissance.

182 — Cinq Appliques, genre Louis XV, à cinq lumières, en bronze.

183 — Quatre Lampes appliques, au gaz, en cuivre nickelé.

184-189 — Six grandes Lampes à pétrole, sur pieds élevés, à coulisse, en cuivre.

190 — Coupe ovale, genre Renaissance, en cuivre poli, à deux anses cariatides retenant des draperies.

191 — Écritoire et deux bougeoirs, genre Renaissance, en cuivre poli.

192 — Lampe de suspension en cuivre, repoussé et argenté, Louis XIII, disposée pour l'éclairage au gaz.

193 — Lampe à huit becs, style flamand, en cuivre, disposée pour le gaz.

194 — Deux Lampes d'applique à gaz, en cuivre nickelé.

195 — Deux Chenets de style Louis XIII, en cuivre.

196 — Deux Chenets et Grille de foyer, en fer forgé.

197 — Deux grands Chenets style Louis XIII, en cuivre poli, à boules côtelées et têtes de lion.

198 — Grande Jardinière ronde, en cuivre.

199 — Deux Lampes montées sur des vases ovoïdes, en émail cloisonné du Japon, avec garniture en cuivre, de style chinois.

200 — Garniture de Foyer, genre Renaissance, en cuivre poli, à ornements découpés et ajourés.

HARPE

201 — Très belle Harpe de l'époque Louis XVI, portant la marque de *Naderman, à Paris*, en bois finement sculpté et doré, la crosse à volute feuillagée est reliée à la colonne par un bouquet de fleurs, la base offre deux motifs de feuillages. La table d'harmonie décorée au vernis Martin d'un paysage dans lequel est représenté le Temple de Vesta, de rinceaux de fleurs, de cornes d'abondance et d'oiseaux.

CHAISE A PORTEURS

202 — Chaise à porteurs du temps de Louis XV, en bois sculpté et doré, dont les panneaux sont décorés de peintures en camaïeu à paysages et ornements. Elle est transformée en vitrine.

SIÈGES ARTISTIQUES

203 — Six Fauteuils garnis d'ancienne tapisserie d'Aubusson dans le goût d'HUET, représentant des figures d'enfants villageois sur les dossiers et des animaux sur les sièges, avec entourages de fleurs et de draperies. Les montures en bois doré sont de forme carrée et à cannelures.

204 — Un Tabouret de pieds en bois doré, garni d'ancienne tapisserie d'Aubusson à figure d'enfant villageois jouant avec un chien.

205 — Canapé de style Louis XVI, en bois sculpté et doré, le dossier contourné renferme au centre un cadran d'horloge ; il est surmonté d'un groupe de deux colombes et de deux vases, les bras et les pieds sont formés de volutes à feuillages et le pourtour est orné de petites guirlandes détachées. La garniture est en soierie de style à rayures et petits bouquets de fleurs.

206 — Petit Canapé de style Louis XVI, forme carrée, en bois sculpté et doré à piastres, rubans et rosaces,

garni de canne dorée, avec coussin en satin gris perle brodé à grappes de lilas.

207 — Beau Canapé style Régence, à contours en bois sculpté et doré, garni de soie brochée.

208 — Petite Chaise longue en trois parties, style Louis XVI, en bois sculpté, à dossier arrondi, garnie de soie de style à rayures roses.

209 — Petit Canapé à dossier bas, style Louis XVI, en bois sculpté, à rubans et colonnettes cannelées, garni de soie de style à rayures et bandes de fleurs.

210 — Fauteuil style Louis XVI, à dossier bas, en bois sculpté à couronne de fleurs, palmes et rais de cœurs et feuillages, laqué blanc et or, garni de soie gris perle à fleurs.

211 — Tabouret de piano à pieds balustres, en bois doré, garni de soie.

212 — Fauteuil d'enfant, style Louis XIV, en bois sculpté et doré, le siège et le dossier garnis de canne dorée.

213 — Grand Fauteuil style Louis XIV, en bois sculpté, garni en blanc.

214 — Canapé style Louis XIV, en bois sculpté à dossier et côtés ajourés, offrant des rinceaux de feuillages. Le siège garni de tapisserie et broderie à la main appliquée sur velours rouge.

215 — Fauteuil style Louis XIII, en bois sculpté, garni en blanc.

216 — Deux Chaises style Louis XVI, à dossiers à colonnettes et pieds cannelés, en bois laqué blanc et or, sièges garnis soierie brochée à fleurettes.

217 — Deux Chaises style Louis XV, en bois sculpté et doré, à coquilles, siège en soie brochée.

218 — Petit canapé à dossier bas, style Régence en bois sculpté et doré, garni de peluche rouge.

219 — Deux Fauteuils, style Louis XIII, de dimensions variés en noyer sculpté garnis de broderie de Hongrie.

220 — Deux Fauteuils X, de style Renaissance en noyer sculpté feuillages et têtes de lion garnis de velours.

221 — Fauteuil X, de style Renaissance en bois sculpté à feuillages et mascarons, rehaussé de dorure et garni de velours rouge brodé d'or, avec écusson armorié et fleurs de lis.

222 — Petit Canapé anglais, en acajou garni de jute rouge.

223 — Un petit Divan drapé en jute rouge orné d'un carré en broderie orientale à fond doré.

224 — Siège en forme de bât, garni de velours rouge brodé d'or.

225 — Canapé à deux coussins en peluche de lin rouge et un fauteuil confortable de même étoffe.

226 — Chaise chauffeuse en peluche rouge avec bande de broderie de soie.

227 — Fauteuil Louis XV, en bois doré à moulures contournées, garni de soie.

228 — Petit Fauteuil carré style Louis XVI, en bois

sculpté et doré à feuilles de lauriers et moulures, garniture en soie.

229 — Fauteuil confortable, Chaise longue et divers Sièges de fantaisie.

MEUBLES ANCIENS ET DE STYLE

230 — Ameublement de salle à manger style Henri II, en noyer sculpté, composé d'une Table, un dressoir et dix Chaises garnies de cuir gaufré, genre de Cordoue (*Pourra être divisé.*)

231 — Armoire normande en chêne sculpté, à rinceaux, médaillons, feuillages et rubans et à moulures contournées.

232 — Grand Lit de milieu Louis XVI, en bois sculpté et laqué blanc à balustres détachés, rubans et feuillages.

233 — Armoire normande à deux portes garnies de glaces, en bois sculpté et laqué blanc.

234 — Armoire normande analogue à la précédente.

235 — Glace Psyché genre Louis XVI, en bois sculpté et laqué blanc.

236 — Ameublement de chambre à coucher de style Louis XVI, en acajou à moulures et cannelures de cuivre composé d'un Lit, une Armoire à glace, une Toilette surmontée d'un miroir et une Table de nuit ovale.

237 — Ameublement de chambre à coucher semblable au précédent.

238 — Petit Chiffonnier à côtes arrondis de même style, dessus de marbre.

239 — Petit Meuble d'entre-deux, à contours, trois tiroirs et porte à coulisse en acajou garni de moulures de cuivre dessus de marbre.

240 — Armoire normande à deux portes à moulures en chêne sculpté.

241 — Riche Paravent à trois feuilles, composé d'encadrements de feuillages et de rocailles en bois sculpté et doré, avec panneaux en vernis Martin, représentant des sujets tirés des *Fables de La Fontaine*, et surmontés de glaces sans tain.

242 — Paravent à quatre feuilles contournées mi-partie en bois sculpté et doré, style Louis XV, mi-partie en peluche verte avec panneaux en soie brochée à fleurs et en glaces biseautées.

243 — Banquette d'antichambre à haut dossier en noyer sculpté, genre Henri II.

244 — Fauteuil de style portugais à dossier à balustres en noyer sculpté et une Chaise de même style.

245 — Revêtement de cheminée de style Henri II en noyer sculpté, la hotte en forme de toit, ornée de rosaces, les montants formés de gaines.

246 — Armoire normande à deux portes garnies de glaces en bois de chêne sculpté à médaillons, rinceaux et moulures contournées.

247-248 — Armoires anciennes en bois sculpté.

249 — Vitrine de salon de style Louis XV à contours en bois sculpté, à volutes et feuillages et à fronton formé d'une coquille, le bas orné de trois panneaux décorés au vernis Martin à sujets de figures.

250 — Petite Table ovale style Louis XVI à pieds contournés, supportant une tablette d'entre-jambes, en acajou, garnie de moulures perlées et de chutes en bronze doré. Dessus de brocatelle entouré d'une galerie de cuivre.

251 — Petit Bureau à cylindre style Louis XVI en acajou, garni de moulures et de cannelures de cuivre, dessus de marbre blanc.

252 — Console Louis XVI à angles arrondis en acajou, garnie de moulures et de cannelures de cuivre, dessus de marbre blanc surmontée d'un miroir Psyché entre quatre tiroirs.

253 — Secrétaire en acajou du temps de l'Empire, à colonnettes sur le devant, orné de bronzes dorés.

254 — Petite Toilette Empire en acajou garnie de bronzes et surmontée d'un miroir cintré.

255 — Bureau bonheur-du-jour, style Louis XVI, en acajou, garni de moulures de cuivre.

256 — Petit Bureau style Louis XV, ouvrant à abattant, en bois marqueté et garni de bronzes.

257 — Petite Table en bois doré avec tablette d'entre-jambes et dessus en bois marqueté.

258 — Deux Supports balustres ornés de cariatides en cuivre.

259 — Petite Table vitrine forme rognon, garnie de soie et de passementerie.

260 — Petite Table carrée garnie de soierie et de velours.

261 — Petite Vitrine italienne, de forme contournée, à motifs rocaille, figures et têtes d'amours, en bois peint en couleurs.

262 — Glace Louis XVI, à fronton, en bois sculpté et doré, à guirlandes de lauriers, trophée d'ustensiles champêtres et corbeille de fruits.

263 — Autre Glace Louis XVI, cadre à perles, torsades et rosaces, surmonté d'un groupe d'ustensiles champêtres, épis et guirlandes, en bois sculpté et doré.

264 — Écran de style Louis XVI en bois sculpté, à rais de cœurs et rubans, avec feuille en broderie de soie de couleurs, à encadrement et bouquets de fleurs.

265 — Glace biseautée, dans un cadre large en bois sculpté et doré. Style Louis XIII.

266 — Deux Glaces d'entre-deux, à bordures dorées.

267 — Grand Paravent à quatre feuilles, en velours rouge, orné d'un large bandeau en broderie ancienne d'or et de soie de couleur, à fleurs, entrelacs et lambrequins sur fond de peluche rouge.

268 — Petite Estrade de salon, recouverte en peluche rouge, entourée de vide-poches en étoffe brochée.

269 — Paravent à trois feuilles, en broderie de rubans de soie de couleur, style Louis XVI, à fleurs sur fond de satin crème. La partie supérieure garnie de glace sans tain.

270 — Paravent à trois feuilles en peluche rouge et broderie, à larges fleurs en couleur.

271 — Parement de cheminée, avec bandeau en application de broderie d'argent sur velours rouge. Style Renaissance.

272 — Paravent à quatre feuilles, genre Louis XVI, en peluche rouge, avec panneaux de soierie ancienne et en glace biseautée encadrés de moulures de rais de cœurs en bois doré.

273 — Petit Paravent à deux feuilles, en bois laqué blanc et or et soierie, et divers petits Écrans en étoffe.

274 — Paravent à trois feuilles en satin noir peint à fleurs et oiseaux.

275 — Petit Paravent à trois feuilles en glace et soierie fond jaune avec monture garnie de peluche.

TAPISSERIES ANCIENNES

Suite de trois jolies Tapisseries d'Aubusson, du dix-huitième siècle, à sujets pastoraux d'après HUET, entourées de bordures à cadres enguirlandés de fleurs.

276 — 1° *Le Jeu de Colin-Maillard.*

Agréable composition de cinq figures dans un paysage.

277 — 2° *Le Moulin à eau.*

A droite, un villageois offre le produit de sa pêche à une bergère assise gardant deux chèvres; à gauche, un moulin à eau, à la porte duquel se voient une femme et un enfant.

278 — 3° *Pastorale.*

A gauche, un berger debout, un panier au bras, cause à une bergère assise gardant deux moutons.

279 — Bandeau en tapisserie de Bruxelles, du XVIIe siècle, représentant une guirlande de fruits.

280 — Portière en jute verte avec bande en ancienne tapisserie de Bruxelles, à fleurs.

281 — Encadrement de baie composé d'un bandeau et de deux pentes en tapisserie de Bruxelles, du XVIIe siècle, à colonnes entourées de guirlandes de fruits.

TENTURES, BRODERIES, RIDEAUX, TAPIS

282 — Deux très riches Décorations de portes, composées chacune de deux rideaux et d'un bandeau en broderie d'or et de soie de couleurs sur fond de moire crème représentant des ornements de rinceaux à fleurs et feuillages, un trophée d'attributs champêtres et une corbeille de fruits au milieu d'entrelacs. Ces broderies sont rapportées sur des rideaux de peluche rouge.

283 — Décoration d'une double fenêtre composée de deux Rideaux en étoffe brochée rouge, d'un Bandeau et d'une Pente en broderie d'argent et de soie de couleurs à tiges de fleurs sur peluche rouge.

284 — Un Panneau en largeur, en peluche rouge, brodée en argent et soie de couleur à encadrements et tiges de fleurs.

285 — Encadrement de bois en peluche cramoisie brodée à fleurs en soie de couleurs.

286 — Plafond de salon, composé d'un grand Panneau de satin crème brodé en soie de couleur à fleurs et ornements dans le goût portugais du XVIIe siècle.

287 — Grand Paravent à trois feuilles en toile brodée et peinte, représentant des paysages.

288 — Portière orientale en broderie de fils métalliques.

289 — Garniture de fenêtre et deux Portières en soie rose pâle.

290 — Tenture de Lit et de deux Fenêtres en damas de soie rose.

291 — Parement de Cheminée en peluche rouge brodée à fleurs, avec encadrement de glace en broderie et peluche.

292 — Quatre Portières doubles avec bandeaux, en jute rouge galonnée.

293 — Encadrement de baie en peluche avec bandeau en broderie.

294 — Bandeau en peluche avec bande de soie fond rose, à fleurs et deux Rideaux en soie à rayures damassées.

295 — Rideaux de baie en jute rouge et un long bandeau à ornements de style Renaissance.

296 — Plusieurs Tapis moquette rouge des salons.

297-300 — Carpettes orientales diverses.

GARDE-ROBE

Très belle et importante Garde-Robe de dame. Dentelles.

www.ingramcontent.com/pod-product-compliance
Lightning Source LLC
LaVergne TN
LVHW010301230826
846091LV00007BB/2654

* 9 7 8 2 3 2 9 5 1 1 4 5 0 *